46
콜키스에 도착한 아르고 원정대

주니어RHK

신화의 가치

신화는 한 민족의 기원이나 역사적 · 종교적 · 문화적 삶의 모습을 보여 주는 옛이야기입니다. 주로 신과 영웅에 관한 이야기가 많고, 오랫동안 입에서 입으로 전해 내려왔다는 특징이 있지요.

우리가 살펴볼 그리스 로마 신화는 고대 그리스와 로마에 전해 오는 신화와 전설을 한데 묶은 것입니다. 그리스 로마 신화는 고대의 삶을 엿보게 해 주는 문화유산일 뿐만 아니라, 세계 여러 나라의 문학과 미술에 큰 영향을 끼쳤습니다. 하지만 문화적 가치만큼이나 중요한 것이 또 있습니다. 오래된 옛이야기이면서도 거기에 담긴 교훈적 가치가 오늘날에도 여전히 쓸모 있고 중요하다는 사실입니다.

놀랍지 않나요? 수천 년 전의 이야기가 어떻게 과학 문명이 고도로 발달한 오늘날에도 통하는 것일까요? 그것은 바로 그리스 로마 신화에 나오는 신과 영웅의 모습이 오늘날 우리의 모습과 다르지 않기 때문입니다. 신들도 우리처럼 분노하고, 질투하고, 실수를 하지요. 그런 모습을 보면서 우리는 깔깔 웃거나 눈물을 흘리고, 교훈과 감동을 얻습니다. 우리가 그리스 로마 신화를 읽어야 하는 까닭이 바로 이것입니다.

신화의 세계로 떠날 여러분에게 한마디 덧붙이자면, 신화는 우리에게 끝없는 상상력을 요구한다는 점입니다. 신화 속에는 수많은 은유와 상징이 곳곳에 널려 있지요. 따라서 신화를 읽을 때에는 상상력을 최대한 발휘하여 신화 속에 숨겨진 의미를 찾고, 그것을 자기 나름대로 재해석하는 과정이 필요합니다. 이렇게 읽었을 때에야 비로소 여러분 앞에 놀라운 삶의 이야기가 펼쳐질 것입니다.

자, 그럼 흥미진진한 신화의 세계 속으로 함께 떠나 볼까요?

아르고 원정대를 이끌고 항해를 시작한 이아손은

계속 위험한 일을 만납니다.

하지만 콜키스에 무사히 도착한다 해도

아이에테스 왕이 순순히 황금 양털을 내줄지 의문입니다.

이아손은 이 임무를 잘 수행할 수 있을까요?

주요 등장인물

⚜ 메데이아 ⚜

콜키스의 공주로
이아손과 사랑에
빠져요. 마법을
부릴 줄 알고
아름답지만 잔인해요.
하고자 하는 것은 꼭 하고 마는
성격을 가졌어요.

⚜ 피네우스 ⚜

예언을 할 줄 아는 노인으로,
하르피이아이의 괴롭힘을
받던 중 아르고 원정대를
만나요.

⚜ 아이에테스 왕 ⚜

콜키스의 왕이에요.
황금 양털을 찾으러 온 이아손에게
두 가지 조건을 내걸어요.

⚜ 이아손 ⚜

이올코스의 왕자예요.
펠리온 산에서 케이론에게
교육을 받아요. 모험심이
강하고 용감해요. 황금 양털을
구하러 모험을 떠나요.

1
원정대에서 빠진 헤라클레스

"나는 여기 남아서 힐라스를 더 찾아보겠네.
자네는 모험을 계속해서 꼭 황금 양털을 찾게."

힐라스의 몸은 순식간에 샘물 속으로 끌려 들어갔습니다. 정신을 차린 힐라스는 물 위로 솟구치려고 허우적거렸습니다.

그때 헤라클레스와 이아손이 샘물가로 뛰어왔습니다. 헤라클레스는 얼른 손을 뻗어 물속으로 사라져 가는 힐라스를 잡으려 했습니다. 하지만 힐라스의 손을 잡지 못했습니다. 물속으로 몸을 집어넣고 힐라스를 찾아보았지만 아무것도 잡히는 게 없었습니다. 힐라스는 물속으로 완전히 끌려 들어갔습니다.

"힐라스!"

헤라클레스와 이아손은 소리쳤습니다. 하지만 깊고 어두운 샘물 속에는 님프들의 웃음소리만 남아 있을 뿐 힐라스의 *흔적은 보이지 않았습니다.

"아니, 이렇게 힐라스를 잃다니……."

힐라스를 아꼈던 헤라클레스는 *허탈한 마음을 감추지 못했습니다. 도저히 힐라스를 남겨 두고 혼자 돌아갈 수 없다는 생각이 들었습니다.

*흔적 무언가 없어졌거나 지나간 뒤에 남은 자국이나 자취.
*허탈하다 몸에 기운이 빠지고 정신이 멍하다.

헤라클레스는 이아손에게 항해에서 빠져 이곳에 남겠다고 했습니다.

“자네와 함께 가지 못해서 서운하네. 하지만 나는 이 섬에 남아서 힐라스를 더 찾아봐야겠어.”

“나도 힐라스를 찾을 때까지 남아 있겠네.”

“아니야. 자네와 대원들은 항해를 계속해서 꼭 황금 양털을 찾게. 나와 힐라스를 위해서라도.”

이아손은 헤라클레스와 굳게 손을 잡고는 헤어졌습니다.

2
피네우스를 구하다

이아손이 노인에게 물었습니다.

"할아버지는 누구십니까?

왜 혼자 벼랑 위에서

괴물에게 시달리고 계셨지요?"

이아손은 혼자 대원들이 남아 있는 곳으로 향했습니다.

"헤라클레스는 힐라스를 찾기 위해 여기 남기로 했다. 그들을 위해서라도 황금 양털을 꼭 찾아오자."

동료를 잃은 대원들은 기운이 빠져 고개를 숙였습니다. 이아손은 풀 죽은 대원들을 위로했습니다.

헤라클레스와 힐라스가 빠진 채 아르고 원정대는 다시 항해를 시작했습니다. 모두 처음 출발할 때의 즐겁고 들뜬 마음이 사라졌습니다. 누구라도 먼저 쉽사리 입을 여는 사람이 없었습니다. 하지만 황금 양털을 구해 와야겠다는 생각은 더욱 강해졌습니다.

운명의 힘에 이끌리듯 아르고 호는 에욱세이노스, 즉 흑해 입구에 있는 트라키아의 어느 해안에 이르렀습니다.

"이아손, 저길 봐! 괴물 같은 새가 사람을 괴롭히고 있어!"

이아손이 고개를 들어 쳐다보니 벼랑 위에서 커다란 새가 노인을 쫓아다니며 괴롭히고 있었습니다.

"하르피이아이다!"

칼라이스와 제테스 형제가 소리쳤습니다.

"저렇게 나이 든 사람을 괴롭히다니! 누군가 구해 주어야겠는걸!"

멜레아그로스가 말했습니다.

"아르고 호를 *벼랑 가까이 대라!"

*벼랑 낭떠러지의 험하고 가파른 언덕.

이아손이 소리쳤습니다.

배가 벼랑 아래쪽에 닿자, 이아손과 대원들은 절벽을 타고 올라갔습니다.

사람의 얼굴을 한 새 하르피이아이

하르피이아이는 둘 또는 셋으로 알려졌는데 각각의 이름은 '돌풍', '빠른 비상', '어둠'을 뜻해요. 하르피이아이는 주로 여자의 얼굴에 몸통은 날카로운 발톱을 가진 새로 그려져요. 하르피이아이는 아이들과 영혼들을 납치해 가는 걸로 유명해요. 죽은 자의 영혼을 낚아채 가는 이들의 모습은 종종 무덤 위에도 새겨졌답니다. 다른 괴물들과 함께 저승의 입구를 지켰다는 이야기도 있어요.

노인은 하르피이아이가 공격하자 넘어지고 뒹굴었습니다. 아무리 도망을 쳐도 빠르고 힘센 하르피이아이의 공격을 피할 수 없었습니다. 하르피이아이는 날카로운 발톱을 들이밀며 무서운 속도로 날아들었습니다. 이아손과 대원들은 노인 곁으로 다가갔습니다. 이아손은

칼을 빼 들어 휘두르고, 또 다른 대원은 창으로 공격해 보았지만 하르피이아이는 요리조리 잘도 피했습니다. 아탈란테는 활을 꺼내 시위를 당겨 보았지만 그것 역시 재빠른 하르피이아이를 맞히지는 못했습니다.

그때 하늘을 날 수 있는 칼라이스와 제테스가 공격에 *가담했습니다. *기세등등하던 하르피이아이는 대원들이 하늘을 날며 공격하자 당황하기 시작했습니다.

"끼약, 끼약!"

마침내 하르피이아이가 방향을 바꾸어 어디론가 도망치기 시작했습니다.

"도망치려고? 어림없다!"

칼라이스와 제테스는 하르피이아이의 뒤를 쫓아 날아갔습니다.

이아손은 형제에게 돌아오라고 소리쳤습니다. 하지만 형제는 이미 구름 속으로 멀리 사라진 뒤였습니다.

이아손과 대원들은 하르피이아이의 공격에 시달리던 노인에게 다가갔습니다. 노인은 아르고 원정대원들에게 감사의 인사를 했습니다.

"정말 고맙소."

이아손이 노인에게 물었습니다.

"할아버지는 누구십니까? 왜 혼자 벼랑 위에서 괴물에게 시달리고 계셨지요?"

하르피이아이와 보레아스의 아들들

하늘을 날 수 있는 칼라이스와 제테스는 북풍의 신 보레아스의 쌍둥이 아들이에요. 하르피이아이는 이들에게 잡혀 죽을 운명이었답니다. 반대로 이 형제는 하르피이아이를 잡지 못하면 둘 중 한 명이 죽을 운명이었지요. 그런데 형제가 하르피이아이를 뒤쫓던 중 헤르메스가 나타나요. 하르피이아이는 제우스의 하녀들이기 때문에 죽이면 안 된다는 것이었지요. 하르피이아이도 결국 다시는 피네우스를 괴롭히지 않겠다고 약속을 했고, 이후 동굴에 숨어서 지냈다고 해요. 양쪽 모두 피해를 보지 않고 운명을 피해 간 셈이지요.

*가담하다 같은 편이 되어 일을 함께 하거나 돕다.
*기세등등 기세가 매우 높고 힘찬 모양.

할아버지는 말을 이었습니다.

"내 이름은 피네우스요. 나는 신들만 알고 있는 사실을 사람들에게 이야기하는 실수를 저질렀소. 제우스 신은 화를 내며 내게 벼락을 내렸는데, 그때부터 살갗이 딱딱해지고 앞이 보이지 않게 되었소. 그러나 가장 힘든 건 하르피이아이였소. 그들은 끼니때마다 나타나 내가 먹을 걸 빼앗아 먹고는 접시마다 똥을 싸고 날아갔다오."

"이제 아무런 걱정 마세요. 저희는 콜키스로 가는 아르고 원정대입니다."

피네우스는 계속 고맙다고 인사를 하며 항해에 도움이 될 거라면서 쉼플레가데스, 즉 충돌하는 바위섬에 관한 이야기를 들려주었습니다.

3
충돌하는 바위섬

"섬이 닫히기 시작한다. 힘을 내자!"
바위섬이 물살을 가르며 움직이는 엄청난 소리에
옆에서 질러대는 고함 소리가 들리지 않았습니다.

쉼플레가데스는 바다에 떠 있는 두 개의 바위섬인데, 그 사이로 배가 지나가려고 하면 섬끼리 서로 맞부딪쳐 배를 박살내 버리는 것이었습니다. 피네우스는 쉼플레가데스를 지나가는 방법을 알려 주었습니다.

쉼플레가데스에 대한 이야기를 다 듣자, 아르고 원정대는 배를 출발시켰습니다. 사실 대원들은 지금까지 아무도 통과하지 못했다는 신기한 바위섬 이야기에 놀랐습니다. 하지만 피네우스가 알려 준 방법대로 지나가 보기로 했습니다.

피네우스와 헤어진 지 이틀이 지나자 아르고 호는 쉼플레가데스 앞에 이르렀습니다.

'저곳이 쉼플레가데스로군. 무사히 통과해야 할텐데…….'

쉼플레가데스는 구름을 가릴 만큼 높이 솟은 험한 섬 두 개가 마주 보고 있는 모습이었습니다. 두 섬은 쌍둥이처럼 닮아 있었습니다. 두 개의 섬 주변에는 검은 빛의 바다가 *예사롭지 않게 물보라를 일으키고 있었습니다.

*__예사롭다__ 흔히 있을 만하다.

이아손은 뱃머리에 서서 피네우스가 들려준 쉼플레가데스 이야기를 떠올렸습니다. 섬 주변에는 부서진 배의 조각들이 어지럽게 떠다니고 있었습니다.

이아손은 피네우스가 일러 준 대로 먼저 비둘기를 날려 보낼 준비를 했습니다. 배 안에서 대원들은 있는 힘껏 노를 저었습니다.

드디어 이아손이 비둘기를 날렸습니다. 비둘기는 힘껏 날아올라 바위섬 사이로 들어갔습니다.

그러자 두 섬이 엄청난 속도로 거대한 산과 같은 물결을 일으키며 서로 다가서기 시작했습니다.

비둘기가 미처 통과하기도 전에 두 섬은 곧 맞부딪칠 것 같았습니다.

놀란 비둘기가 있는 힘을 다해 날갯짓을 했습니다.

쾅!

바위섬이 순식간에 닫혔습니다. 다행히 비둘기는 꼬리 깃털이 두 섬 사이에 살짝 끼이긴 했지만 무사히 통과했습니다.

"이제 섬이 닫히는 속도를 알겠어."

이때 이아손이 한 손을 들어 올렸습니다. 대원들은 모두 힘차게 노를 저었습니다. 피네우스가 일러 준 대로 두 개의 섬이 떨어져 제자리로 돌아가기 시작했습니다.

이아손은 다시 열리고 있는 두 섬 사잇길로 배를 몰아갔습니다. 두 개의 섬이 아르고 호를 사이에 두고 부딪치려면 먼저 제자리로 돌아가야 했습니다. 아르고 호가 두 섬 사이에 완전히 들어가자 두 개의 섬은 원래 자리에서 다시 움직이기 시작했습니다.

"섬이 닫히기 시작한다. 어서 힘을 내자!"

"좀 더 힘을 내자. 섬이 닫히고 있어!"

"영차, 영차!"

바위섬이 물살을 가르면서 움직이는 엄청난 소리에 옆에서 질러대는 고함 소리가 들리지 않았습니다. 또 섬에 부딪히며 일어나는 물보라에 앞도 보이지 않았습니다. 하지만 모험을 두려워하지 않는 영웅들이었기에 아르고 원정대원들은 씩씩하게 노를 저었습니다.

드디어 배가 두 바위섬 사이를 거의 빠져나왔습니다. 바위섬이 완전히 닫히기 바로 직전에 배꼬리가 섬 사이에 끼여 부서졌습니다. 하지만 배는 대체로 무사했습니다. 모두 기뻐하며 함성을 질렀습니다.

"자, 이제 콜키스 왕국을 향해 전진하자!"

쉼플레가데스를 통과하는 아르고 원정대

쉼플레가데스는 '충돌하는 바위'라는 뜻이에요. 아르고 원정대가 이 바위섬 사이를 지나고 나서, 두 바위섬은 서로 맞부딪친 뒤로 다시는 갈라지지 않았다고 해요. 하나의 섬이 된 것이지요. 쉼플레가데스 때문에 많은 배들이 흑해를 건너기 어려웠을 거예요. 두 바위섬이 더 이상 부딪치지 않았다는 것은 사람들이 흑해를 두려워하지 않고, 많은 배들이 흑해를 지나다니게 되었다는 뜻으로 볼 수 있어요.

4
두 가지 임무

"황금 양털을 가져가려면 두 가지 조건이 있네.
하나는 황소에게 멍에를 씌워 밭을 가는 것이고,
또 다른 하나는 용의 이빨을 밭에 뿌리는 것이야."

아르고 호는 영웅들을 태우고 힘차게 콜키스를 향해 나아갔습니다. 험한 바다와 수많은 섬들을 지나 마침내 목적지인 콜키스가 눈앞에 나타났습니다.

"드디어 콜키스에 도착했군!"

"꿈만 같아. 콜키스에 오다니."

이아손은 콜키스 땅을 바라보며 감격에 겨웠습니다. 대원들 역시 믿기지가 않았습니다. 이올코스를 떠나 수많은 위험을 겪으며 마침내 도착한 콜키스였습니다. 지나온 긴 여행길이 떠올랐습니다.

함께 떠나왔지만 지금은 여기에 없는 동료들도 생각났습니다.

항구에 내린 아르고 원정대는 이아손을 앞세우고 곧장 콜키스 궁전으로 향했습니다.

"이올코스에서 온 이아손과 젊은이들이 아이에테스 왕을 뵙겠다고 합니다."

아이에테스 왕은 이올코스에서 손님이 왔다는 말을 듣자 왠지 마음이 *개운하지 않았습니다. 그래서 병사들과 둘째 딸 메데이아를 불렀습니다. 메데이아는 아름다운 공주일 뿐 아니라 마법을 잘 부리며 사람을 잘 알아보았습니다.

이아손은 일행들과 함께 아이에테스 왕 앞에 섰습니다. 그러고는 먼저 예의 바르게 자신들을 소개했습니다.

"콜키스의 왕이시여! 저희는 이올코스에서 온 아르고 원정대입니다. 인사를 올립니다."

*개운하다 기분이나 몸이 상쾌하고 가뜬하다.

“오! 먼 길을 온 손님들이구먼. 그래 여기까지 찾아온 이유는 무엇인가?”

아이에테스 왕이 물었습니다.

“왕께 부탁드릴 일이 있습니다.”

“무슨 부탁인가?”

“저에게 친척이 되는 프릭소스가 맡긴 황금 양털을 찾아가고 싶습니다.”

이아손은 당당하게 말했습니다.

아이에테스 왕은 깜짝 놀랐습니다.

"황금 양털이라고? 미안하지만 그 부탁은 들어줄 수 없네. 황금 양털은 이 나라의 보물이라네. 함부로 내줄 수 없네."

"간청하오니 다시 한 번 생각해 주십시오. 황금 양털을 찾아 쉰 명이나 되는 젊은이들이 모험을 떠나 왔습니다. 오는 중간에 잃어버린 동료들을 생각해서라도 꼭 황금 양털을 찾아가고 싶습니다."

이아손은 *정중하게 말했습니다. 이때 메데이아가 아버지에게 *간절한 눈빛을 보냈습니다.

***정중하다** 태도나 분위기가 점잖고 엄숙하다.
***간절한** 마음속에서 우러나와 바라는 정도가 매우 절실한.

메데이아는 아까 이아손이 처음 왕 앞에 나섰을 때부터 마음이 흔들렸습니다. 힘이 넘치고 잘생긴 이아손을 보자마자 사랑의 감정을 느낀 것입니다. 사실 아프로디테 여신이 이아손을 도와주려고 에로스를 시켜 사랑의 화살을 메데이아에게 쏘았던 것입니다.

아이에테스 왕은 메데이아의 눈짓에 따라 이아손에게 기회를 주기로 했습니다.

“좋다. 그러면 두 가지 조건이 있다.”

아이에테스 왕이 말을 꺼냈습니다.

“이 나라에는 헤파이스토스 신에게서 받은 두 마리의 황소가 있다. 이 황소에게 *멍에를 씌우고 쟁기를 지워 밭을 가는 것이다. 그것도 이아손 자네 혼자서 말이야. 이것이 첫 번째 조건이다.”

“그런 일이라면 얼마든지 할 수 있습니다.”

이아손은 자신 있게 대답했습니다.

*멍에 수레나 쟁기를 끌기 위해 말과 소의 목에 얹는 구부러진 막대.

"두 번째 조건도 자네 혼자서 해야 할 일이야. 나에게는 카드모스가 땅에 뿌리고 남긴 용의 이빨이 있네. 그 용의 이빨들을 밭에 뿌리는 일이야. 어때, 할 수 있겠는가?"

"예. 그것도 하겠습니다."

이아손은 고개를 끄덕이며 대답했습니다.

옆에 서 있는 아르고 원정대원들은 이아손이 너무 쉽게 대답하는 것 같아 걱정되었습니다. 하지만 이아손의 눈빛은 자신감으로 빛났습니다.

배로 돌아온 아르고 원정대는 두 가지 조건을 쉽게 승낙한 이아손을 나무랐습니다.

"이아손, 도대체 그 황소들이 어떤 소인지 알아? 또 카드모스가 남긴 용의 이빨을 뿌리면 어떻게 되는지 알고서 대답을 한 거야?"

"황금 양털을 얻으려면 그 두 가지 조건을 들어줄 수밖에 없어!"

"그렇지만 이건 너무 *신중하지 못한 행동이야. 황소들이 내뿜는 불길에 닿으면 모두 잿더미가 되고 만다고."

"용의 이빨은 또 어떻고! 용의 이빨은 무사들의 씨앗이야. 땅에 닿는 순간 무시무시한 무사들이 돋아나 자네에게 덤벼들 거야."

"이제 어쩔 수 없지 않나. 그들을 모두 이기는 수밖에."

이아손은 결심을 굽히지 않았습니다.

***신중하다** 매우 조심스럽다.

5
메데이아 공주의 도움

"저는 마법을 몇 가지 알고 있어요.
당신에게 도움이 될 마법도 알고 있지요.
저에게 한 가지 약속을 해 주신다면 도와드리겠습니다."

한편 왕궁에서는 메데이아가 낮에 본 이아손의 모습을 떠올리며 잠을 이루지 못했습니다. 아버지 아이에테스 왕이 내건 조건을 통과할 수 있는 사람은 아무도 없었습니다. 어쩌면 내일 이아손이 죽는 건 당연해 보였습니다. 그렇다고 자신이 나서서 이아손을 도와주면 아버지를 *배반하는 일이어서 답답했습니다.

"저 이아손이라는 사람이 대체 나와 무슨 상관이라고 이렇게 신경이 쓰인다지? 아니, 안 돼. 그가 죽으면 안 돼. 헤카테 여신이여! 이아손이 무사히 돌아가게 해 주소서!"

결국 메데이아의 마음은 사랑이 이겼습니다. 사랑의 힘이 이끄는 대로 아버지를 저버리고 메데이아는 이아손을 찾아갔습니다.

***배반** 믿음과 의리를 저버리고 돌아섬.

메데이아

〈메데이아〉 앤서니 프레더릭 샌디스

메데이아는 공주이자 헤카테 여신을 모시는 신전의 사제였어요. 마법에 능한 메데이아였지만 에로스의 화살을 맞고 사랑에 빠질 수밖에 없었지요. 창백한 피부에 무언가를 생각하는 듯한 메데이아의 표정이 섬뜩해 보여요. 마법의 약을 만드는 메데이아 뒤로 아르고 호의 모습이 보여요.

배로 찾아온 메데이아를 보고 이아손은 깜짝 놀랐습니다.

"당신은 메데이아 공주가 아닌가요!"

"이아손, 저와 잠깐 이야기를 나누실까요?"

두 사람은 바닷가를 거닐었습니다.

메데이아가 먼저 자신의 마음을 드러냈습니다.

"저는 당신을 처음 본 순간부터 마음이 흔들렸습니다. 그래서 내일 당신을 돕고 싶어요. 당신의 힘만으로는 내일 두 가지 조건을 통과할 수 없답니다. 하지만 제가 돕는다면 당신은 이길 수 있을 거예요."

"공주님이 어떻게 저를 도와주실 수 있단 말인가요? 그리고 아이에테스 왕이 알면 가만히 있지 않을 텐데……."

“저는 당신을 선택했어요. 이아손, 저는 마법을 몇 가지 알고 있어요. 당신에게 도움이 될 마법도 알고 있지요. 저에게 한 가지 약속을 해 주신다면 도와드리겠습니다.”

메데이아는 이아손을 바라보며 이야기를 계속했습니다.

“떠나실 때 저를 데리고 가 주세요. 당신을 도와준 게 들키고 나면 저는 여기서 살 수 없으니까요.”

이아손은 깜짝 놀랐지만 아름다운 메데이아에게 마음이 끌렸습니다.

메데이아는 이아손과 헤어진 뒤 신전으로 갔습니다. 그곳은 메데이아가 마법의 약을 만들거나 신에게 제사를 지내는 곳이었습니다. 메데이아는 정성껏 신에게 자신의 소망을 빌더니 마법의 약을 만들기 시작했습니다.

커다란 솥에 약초를 집어넣었습니다. 특히 프로메테우스의 약초를 정성스레 넣었습니다. 그것은 제우스의 독수리가 프로메테우스의 간을 파먹을 때 독수리의 발톱에서 떨어진 피로 자라난 신비스러운 약초였습니다. 그러고는 열심히 주문을 외웠습니다. 날이 밝을 무렵 작은 병에 마법의 약을 담고, 마법의 돌을 가지고 이아손을 찾아갔습니다.

마법의 약을 만드는 메데이아와 이아손

〈이아손과 메데이아〉 존 윌리엄 워터하우스

메데이아는 이아손을 위해 마법의 약을 만들어요. 약을 만들고 있는 메데이아는 이미 아버지를 버리고 이아손을 따르기로 마음을 굳힌 듯 독하고 차가워 보여요.

"이아손, 이 약을 몸에 바르세요. 당신의 창과 방패에도 바르세요. 그리고 이 돌은 가지고 있다가 무사들이 나타나면 하늘로 던지세요."

이아손은 메데이아가 시키는 대로 온몸과 창과 방패에 약을 바르고, 돌을 주머니에 소중히 넣어 두었습니다.

"약을 바르셨으니, 오늘 하루는 *용광로에 들어가더라도 다치지 않을 거예요. 어떤 무기도 당신에게 상처를 입히지 못할 것입니다. 그리고 그 돌은 *불화의 돌이에요. 당신이 뿌린 용의 이빨이 싹이 터서 무사들이 나오면 그 사이로 돌을 던지세요. 그러면

*용광로 높은 온도로 광석을 녹여서 쇠붙이를 뽑아내는 가마.
*불화 서로 화합하지 못함. 또는 서로 사이좋게 지내지 못함.

무사들은 저희끼리 싸움을 벌일 거예요. 자, 이제 숲으로 가세요. 제발 무사하길…….”

메데이아가 간절히 말했습니다.

이아손은 콜키스의 왕과 부하들, 그리고 아르고 원정대가 기다리고 있는 곳으로 향했습니다. 이아손은 성큼성큼 걸어서 넓은 밭으로 들어갔습니다.

온갖 위험한 모험을 겪으며 콜키스에 왔기에 더는 두려울 것이 없었습니다.

모두 이아손을 걱정스런 눈빛으로 쳐다보았습니다. 심지어 지금껏 함께 모험을 겪어 온 아르고 원정대원들까지도 이아손이 질 거라고 생각했습니다. 대원들은 이아손을 향해 포기해도 된다고 소리쳤습니다. 하지만 이아손은 한쪽 눈을 찡긋해 보이며 모두에게 안심하라고 외쳤습니다.

드디어 밭 한가운데에 황소가 나타났습니다. 황소는 쇠로 된 발굽을 마구 굴렀습니다. 땅이 울리게 날뛰며 코로 거친 숨을 내뿜었습니다. 그 숨은 수풀과 밭을 태울 듯 뜨거웠습니다. 숨이 닿은 곳에서 금방 불이 난 것처럼 연기가 피어올랐습니다.

"어서 오너라. 이 흉악한 괴물아!"

이아손은 창과 방패를 들어 올리며 황소를 향해 달려갔습니다.

황소와 마주한 이아손

〈아이에테스의 황소를 다루는 이아손〉 장 프랑수아 드 트루아

이아손은 마법의 약을 바르고 황소를 상대하러 나섰어요. 주변의 병사들은 끼어들 엄두도 내지 못하지만, 이아손은 당당하게 칼을 뽑아 들고 있어요. 메데이아가 준 약을 발랐기 때문에 무사할 수 있었던 것이에요.

황소도 거센 숨을 몰아쉬며 이아손을 향해 달려왔습니다.

이아손의 창과 방패에 황소의 뿔이 부딪혔습니다. 이아손의 몸이 황소의 뿔에 받혀 붕 날아올랐습니다.

“아, 이아손!”

모두 깜짝 놀라서 비명을 질렀습니다. 이 모든 상황을 지켜보던 메데이아 역시 깜짝 놀랐습니다.

황소는 워낙 강한 상대였기 때문에 마법의 약도 안심할 수 없었습니다.

신화 OLYMPUS GUARDIAN 뒷이야기

헤카테 여신은 처녀, 어머니, 늙은 노인의 세 가지 모습을 지녔다고 합니다. 달의 여신과 친하고, 밤의 어둠과 두려움을 나타내는 여신이기도 합니다. 어두운 밤마다 대지를 두루 돌아다니며, 마법과 요술을 마음대로 쓰는 여신이지요. 또 죽은 사람의 영혼을 저승으로 안내한다고 해서 지하 세계와도 관련이 있습니다.

메데이아는 헤카테 여신을 모시는 신전의 사제였기 때문에 마법을 쓸 줄 알았습니다. 죽어 가는 사람을 살리는 약, 산 사람을 죽이는 약도 만들 줄 알았다고 합니다. 메데이아가 마법을 사용하는 이야기 중에는 이아손이 이올코스로 돌아가서 아버지 아이손의 목숨을 더 늘려 달라고 부탁하는 것이 있습니다. 이아손은 자신의 수명을 잘라 아버지의 수명에 보태어 달라고 하는데, 메데이아는 마법의 약을 만들어 소원을 들어주었다고 합니다.

마법사는 신화나 옛이야기에만 존재하는 것이 아닙니다. 오늘날처럼 과학이 발달하기 전에는 병을 치료하거나 새로운 물질을 만들어 내는 사람들도 마법사로 불렸습니다. 마법사로 오해받은 사람들 중에는 오늘날 화학자처럼 다양한 물질로 실험을 하던 사람들이 있었습니다. 바로 납과 같은 광물로 황금을 만들려고 했던 연금술사들이지요.

마법사는 사람들에게 두려움의 대상이었습니다. 흔히 마법사라고 하면 나쁜 사람을 떠올립니다. 하지만 신화 속에 등장하는 여자 마법사들은 누구보다 큰 능력이 있었고, 자신이 어떻게 살 것인지를 스스로 결정하는 사람들이었습니다. 옛날 사람들의 눈에는 그처럼 자기주장이 강하고 독립적인 여자들이 좋지 않게 보였을 수도 있습니다. 그래서 나쁜 사람으로 그려진 경우가 많이 있지요.

올림포스 신들의 계보

크로노스 + 레아
하데스
지하 세계의 왕
포세이돈
바다의 신
제우스
신들의 왕
헤라
신들의 여왕,
제우스의 아내
헤스티아
난로·불의 여신
데메테르
대지의 여신
아테나
지혜 · 전쟁의 여신
제우스 + 메티스
아폴론
의술 · 음악의 신
제우스 + 레토
아르테미스
사냥 · 순결의 여신
아스클레피오스
의술의 신
아레스
전쟁의 신
제우스 + 헤라
헤파이스토스
대장간의 신
제우스 + 디오네
아프로디테
헤파이스토스의 아내,
미의 여신
에로스
사랑의 신
헤르메스
신들의 전령,
상업의 신
제우스 + 마이아
디오니소스
술의 신
제우스 + 세멜레
페르세포네
하데스의 아내
지하 세계의 여왕
제우스 + 데메테르

⚜ 그리스 로마 신화 주요 인물의 이름 ⚜

그리스 어	로마 어	영어
가이아	텔루스	
니케	빅토리아	나이키, 빅토리
데메테르	케레스	세레스
디오니소스	바쿠스	바커스
레아	키벨레	시벨레
아레스	마르스	마스
아르테미스	디아나	다이애나
아테나	아테네, 미네르바	
아폴론	아폴로	아폴로
아프로디테	베누스	비너스
에로스	쿠피드, 아모르	큐피드
오디세우스	울릭세스	율리시스
우라노스	카일루스	유러너스
제우스	유피테르	주피터
크로노스	사투르누스	새턴
페르세포네	프로세르피나	
포세이돈	넵투누스	넵튠
하데스	플루톤	플루토
헤라	유노	주노
헤라클레스	헤르쿨레스	허큘리스
헤르메스	메르쿠리우스	머큐리
헤스티아	베스타	
헤파이스토스	불카누스	벌컨

그리스 로마 신화 올림포스 가디언 46
콜키스에 도착한 아르고 원정대

펴낸이 양원석
펴낸곳 ㈜알에이치코리아
등록 2004년 1월 15일 제2-3726호
주소 서울특별시 금천구 가산디지털2로 53, 20층 (한라시그마밸리)
문의전화 02)6443-8800

ISBN 978-89-255-4402-1(74800)
ISBN 978-89-255-4354-3(세트)

값 **12,800원**

원작 만화로 보는 그리스 로마 신화(가나출판사)
이광진 엮음, 홍은영 그림
명화 구입처 유로크레온(주)